Helgard von Spiegel * **Schneelaubtöne**

© Originalausgabe * 1. Auflage 1996

Zeichnungen: **Susanne Jost**, Bielefeld
Druck: **Winddruck Kollektiv,** Siegen
Satz: **VBR**

VERLAG BRUNO RUNZHEIMER
Nahestraße 8 * 45219 Essen
Alle Rechte vorbehalten

ISBN 3 - 928401 - 21 - 1

Helgard von Spiegel

Schneelaubtöne

Gedichte

VERLAG BRUNO RUNZHEIMER

Teil I

Vor Pfützen träumen ...

Ruhe

Kann wieder stehenbleiben
vor den Pfützen
träumen
und Tiefen sehen
Welten mir bauen
kann wieder lauschen
Lüfte kosten
neu erfassen

Wasserringe

*Vorbei der lange Regen
der Baum streift letzte
schwere Tropfen ab
Sie fallen zum See
Wasserringe weiten auseinander
gleiten zueinander
schieben aufeinander
liegen ineinander beieinander
ziehen auseinander*

*Kein Ring löst sich
im andern auf
Ring für Ring
verliert sich selbst
schwingt sich allein
im Großen aus*

Fliederbaum

*Heute nacht
will ich dein Gast sein
bereite dich vor
alter Flieder
decke den Tisch
und stoß mit mir an
wir werden Becher
um Becher leeren
heut' nacht alter Flieder
und tanzen so wild
wie dein borkiger Stamm
noch niemals getanzt*

*Bereite dich vor
oh Flieder Flieder
halte die Blüten
öffne die Kelche
schmück dich mit Sternen
ströme dich aus
verschenk dich der Nacht*

schon welken die Dolden

Erwartungen

Wie schillernd sie sind
diese ausgemalten Erwartungen
Phantasiegebilde
die die Luft trägt
Wie Seifenblasen
reiten sie auf Strahlen

Und du bläst deinen Atem in sie
unaufhaltsam
obwohl sie zerspringen
betört dich dein Spiel

bis du dastehst
in den Händen
nur noch das Stäbchen
durch das du sie hauchtest

Nachthimmel

Ein Teil brach vom Mars
durchrast nächtliche Zelte
ein sprühender Streif
Schnuppe am Himmel
ein Wunsch frei
schon fällt sie ins Meer

Fische staunen
einer taucht nach
bis zum Grund

Dahin

Du löstest aus grauem Granit
Worte wie Kristalle
machtest sie leicht
gabst ihnen Flügel
sie stiegen hoch zu den Winden
Schwärme machten sich auf

Nun seh' ich nicht einen
der flinken Gesellen
so tief fiel der Himmel

Allein im Abteil

*Ich durchfahre ein Grauland
in dem jede Station
Schwermut genannt wird*

*Der Schaffner sagt
das würde sich ändern
im Neuland*

*Wie weit es noch wär'
bis zum Neuland
könnt' er nicht sagen
ich solle selbst
aus dem Fenster schau'n
die erste Station dort
nenne sich anders*

Im Nebenraum

Den Festsaal verlassen
gläserne Lüster
gleißendes Licht
schillernde Farben
beschwingte Musik

Den Nebenraum betreten
darin eine einsame Harfe
mit blinder Spielerin
das schwarze Kleid bis zur Erde
die Schultern entblößt
tastende Klänge im Raum
als suchte sie noch
als fänd' sie noch nicht
Melodien die sie erahnt schon

Die Ranke

Endlich hat sie Halt gefunden
die Ranke
die sich aufwärts rankte
ins Nichts nur hoffend
Als sie der Wind
zu brechen drohte
neigte ein Pfahl
sich ihr entgegen
er hielt sie auf

Und sie umschlang
den festen
der unerschüttert
dort im Boden stand
grünte
und formte Blüten

Wilde Rose

*Ich hatte einmal
eine wunderschöne Heckenrose
sie stand im Garten
lange eh' ich kam
und wenn sie blühte
trug sie tausend Blüten
die dufteten und waren rosa*

*Ich schnitt sie nieder
Zweig für Zweig
grub ihre Wurzeln aus
und pflanzte Rosen*

*Ich hatte einmal
eine wunderschöne Heckenrose*

Finden

*Du kennst mich nicht
du wirst mich finden
du wirst mich stehen sehen
am Bahnsteig
wenn alles sich
schon längst verflüchtigt hat
zu seinem Ziel
werd' ich noch stehen
am Bahnsteig deiner Stadt
und auf dich warten
weil meine Reise
dich allein zum Ziel nur hat*

*Ich kenn' dich nicht
ich werd' dich finden
ich werd' dich stehen sehen
am Bahnsteig
wenn alles sich
schon längst verflüchtigt hat
zu seinem Ziel
wirst du noch stehen
am Bahnsteig deiner Stadt
und auf mich warten
weil auch dein Kommen
mich allein zum Ziel nur hat*

*Wir werden uns
wie zwei verwehte Blätter finden
und uns umarmen
am Bahnsteig deiner Stadt
wo Züge halten
kurz verweilen*

und wieder fortfahren

Sternzeichenanfang

*Stürmender Widder
in rasendem Lauf
bricht sich durch Tore
Selbst die Weide
am Stadtrand
die starre fast tote
flammt auf
begierig entzündet sie
Blüte um Blüte
Tauben tanzen auf
Hochspannungsdrähten
können den Tag kaum erwarten
schier diese Gier
dieses Erwachen*

Der Ruf

*Komm Pygmalion komm
löse die Endlosstarre
ich vermag es nicht*

*Doch wehe Göttermann
ich stamm
vom roten Planeten
hast du dein Werk getan
spätestens dann
Pygmalion
werde ich ohne zu fragen
dich einfach zum Teufel jagen*

Zwischen Stämmen

Als hätt' der Wald
fast über Nacht
noch tausend
abertausend Bäume
ausgeboren

Ich taste mich
durch Stämme
habe den Pfad verloren
den eh' schon schmalen Pfad
zur Lichtung
zum freien Feld
dort wo der Blick
ganz unverstellt
ins Weite fällt

Zwiesprache

Sagt die Eiche zum Holzfäller:
Ich zähl' deine Jahre
wie du die Jahre deines Hundes zählst
Was ich erlebte Fäller
kannst du nur nachlesen
Und schau hinauf
sieh meine Krone
sie spielt mit der Sonne
du aber hockst in meinem Schatten
Von meinen Wurzeln
ganz zu schweigen
sie sprechen mit Quellen
die dein Auge nie sah
dein Ohr niemals hörte

Mag sein
antwortete der Holzfäller
grinst und schärft seine Säge
mag alles so sein
doch ich
habe dir das Laufen voraus
du kannst nicht fliehen Eiche

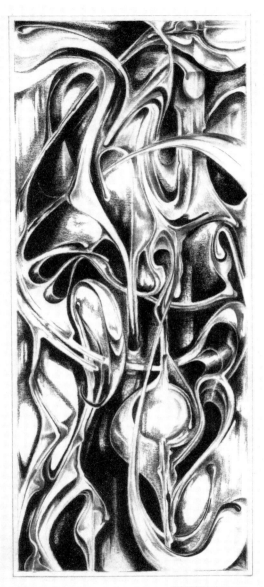

Tropfenspiel

*Ich nahm
von all den vielen Tropfen
bedachtsam einen mir vom Zweig
zerbrechlich ruhte er auf meinem Finger
nahm meine Wärme auf
das erste Licht der Sonne
und blieb
so winzig wie er war
sich völlig treu
in sich geschlossen
ein Tropfen halt
Er ließ
sich nicht ergründen
bis er vom Finger rann
und neu begann*

Melodien

Wenn Schnee
durch welkes Laub
an Bäumen
fällt
erklingen Schneelaubtöne
und Melodien ziehen
durch den Wald
der schläft
und sich auf Großes vorbereitet

Hoffnung

Wie gut
das Licht
auf jenen Hügeln
die allzulang
im Grau nur lagen
erneut zu sehen

Das warme Morgenlicht
das rot sie färbt
und leuchten läßt
obwohl noch Harsch
an Hängen liegt

Auftrag

*Lichtgrüner Sprößling
streckt sich
teilt sich
zweigt sich
formt sich
breitet Knospe*

Flockenblume

Umbruchzeit

Und immer wieder kommt die Zeit
der Mauser
wo du dein altbekanntes
wohlvertrautes Kleid verläßt
um Neues anzulegen
die bange Wechselzeit
wo du am Boden hockst
mit einem Mal so flugunfähig
und der Gefahr erschreckend nah

Hältst du sie aus
die nackte Zeit
steigst du im neuen Kleid
empor

Stellungsbefehl

Bäume fingen an zu kreisen
vom Himmel fielen Federn
und Gemsen stürzten aus der Wand

Wir gingen hinaus
in den Garten
zum Amselnest
das wir liebten

Da saß sie
wie eine Heilige saß sie
im heiligen Tun

Draußen

Abgestorbener Blätterteppich
Klage des Dompfaffs
tief im Schwarz
Tollkirsche in Mundhöhe

Verwehen

*Goldammer
baust dir dein Nest
inmitten von Blüten
als währten sie ewig*

*Sie werden verweh'n
Goldammervogel
verblüh'n und verweh'n
lange bevor
deine Brut dir entfliegt*

Marionettenspieler

*So fein zog er die Fäden
daß man meinte
sie bewegten sich ganz von allein
und er ließ sie sprechen
so vollkommen und echt
daß man meinte
sie sprächen ganz von allein
aus sich heraus*

*Nur der genau hinsah
konnte es bemerken*

Gratis

*Wie leer die Riesenfrucht doch ist
die sich in langen Jahren formte
wie leer und ausgehöhlt*

*Den Wurm gab ihr der Teufel
gratis mit
vielleicht auch Gott
Um zu erkennen?*

Wer mag's ermessen

Zu spätes Erkennen

*Über Nacht fiel der Baum
als es regnete
im Sommer
inmitten der anderen
entwurzelte er
der Mächtige
unbemerkt*

*Erdengeäst das faserte
sich selbst zerfraß
über Jahre
unbemerkt
Erst als er fiel
hat man's geseh'n*

Übermütiges Treiben

Sie banden dem Tod
die Augen zu
tobten vor Lachen
drehten ihn im Kreise herum
so lange bis ihm schwind'lig wurde
und er nicht mehr wußte wo er war

So brachten sie ihn in ferne Länder
nahmen die Binde ab
und ließen ihn frei

Sie aber gingen zurück
füllten erneut ihre Becher
tranken und lachten
als hätten sie ihm
ein Schnippchen geschlagen

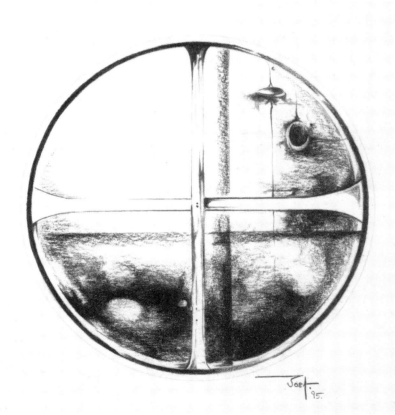

Persönlichkeit

*Wenn sie aus alten Zeiten
Broschen trägt
und lange Perlenketten
die Stola
um die Schultern legt
ein wenig sich auch pudert
Rouge auflegt*

*und so erscheint
in der Gesellschaft
dann schaut man auf
denn sie ist sie
sie bleibt sich treu
treu ihrer Zeit
und ist und bleibt
Persönlichkeit*

Leblang

Im Kinderbett
mit Schuldgefühl schon zugedeckt
sorgsam Abend für Abend
und in den unsichtbaren Decken
eingeschlafen
die Schweiß entfachen
die schließlich sich
ins Innere ziehn
feinmaschig wie ein Netz
dich weiterhin umgeben
mit dir leben

Fortgetragen

Ein Titan schulterte mich
schritt weit aus
in neue Lande
setzte mich ab
und ließ mich allein

Nur seine Spuren
tief in den Grund gedrückt
blieben zurück

Ohne Übergang

Ihr kennt scheint mir
nur Geist- und Sinneslust
beides stets pur
euch fehlt das Tasten
vor dem Greifen
das Stimmen
vorm Konzert
als ging der Sommer
nahtlos in den Winter über

John

*Es ist John ein Verlorener
der nicht nach Haus gehen kann
wenn es zu wirr wird draußen
nicht nach Haus ins Vertraute
wo er sich auskennt
wo der Salznapf noch immer da steht
wo er stand als er ging*

*Es ist John den der gleiche Wind
so viel heftiger dreht
der keine Trennung mehr aushält
ein Teilchen das herausfiel
nach dem man nicht sucht*

*Denn da fragt keiner:
wo ist John hast du John schon gesehen
Und da sagt auch keiner:
wollen wir John nicht fragen ob er mitkommt
oder: ruf doch John an er könnte dir helfen*

*John scheint es gar nicht zu geben!
Hat es ihn überhaupt je gegeben?*

*Doch John gibt es
er schlägt die letzten Nachtfalter tot
die Schmetterlinge sind schon zerschlagen*

Narrenspiel

Sei Joker im Spiel
laß dich nicht ordnen
in Zahlen und Zeichen
Bilder und Folgen
bleib offen für alle
Joker sind frei
lassen staunen und fragen
überraschen beglücken
sei Joker im Spiel

Er

*Nur er
der mit den flinken Augen
war unersättlich
er wollte mehr
immer mehr
wenn die anderen
längst satt waren
war er noch hungrig
und er blieb es
bis der Fremde
ihn an die Hand nahm*

Nur Worte

*Es war in der Nacht
als er anrief
der umjubelte Mann
betrunken war er
zerrissen die Sätze
Worte kippten
von Erfolgen sprach er
überfüllten Sälen
alles erreicht sagte er
begreifst du
man reißt sich um mich*

*Und dann
komm vorbei ich bitt dich
du kennst mich von früher
erzähl mir*

Gräber

*Nun ist es leicht geworden
die Felder aufzusuchen
wo sie fielen
die Männer Brüder Väter
dereinst im Feindesland*

*Die Völker schlossen Frieden
die Zeit führt jetzt Verführte
zueinander
Verträge werden unterschrieben
Gedenktafeln und Kreuze
aufgestellt
und paradoxerweise
betten die Söhne einst'ger Feinde
die Toten um
Sie unterhalten sich mit ihren Witwen
den Brüdern Kindern
die längst erwachsen sind
knüpfen Kontakte mögen sich
und über allen hängt die Frage*

Leere

*Christliches Abendland
schwankt längst auf müden Füßen
zweitausend Jahre
sind ins Land gegangen
es scheint
als hätten sie die Botschaft
mitgenommen
die Christenhäuser leergefegt*

*nur dieses Suchen
noch zurückgelassen
und all die Fragen
auf die die Leere
keine Antwort weiß*

Erstarrung

Als hätt' die Welt
unmerklich für die anderen
lautlos aufgehört
sich zu bewegen
Ein Schlag
alles hing haltlos
irgendwo im Raum
Glas hatte sich um sie geschoben
die Worte hallten nun
sie hörte sie
und hörte sie zugleich nicht mehr
Sie nahm das Mitfühlen
der Freunde wahr und doch
erreichte es sie nicht

So ging sie durch den Tag
wie sonst
doch anders

Nur jene Wärme einer Hundeschnauze
die immer wieder sich
in ihre Hände schob
nur jene Wärme fühlte sie
und ließ sie zu

Und endlich pflückte sie
die erste Blume
und roch an ihr

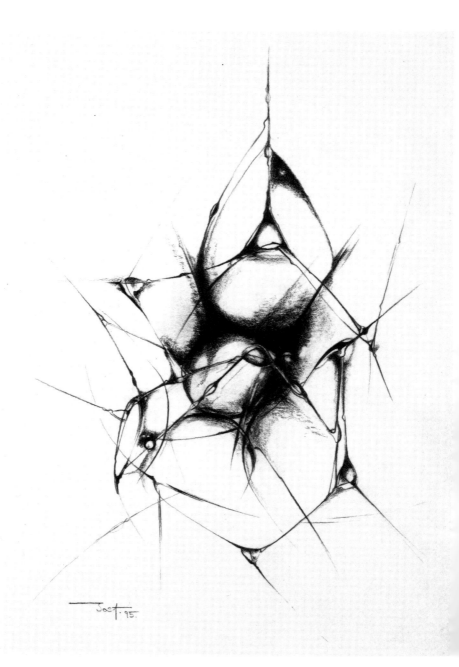

Auflösung

*Da ist nun alles aufgelöst
und aufgespalten
inbegriffen Mensch
und Analysen sind erstellt
das Ganze aus dem Blick geraten
wir stehen vor Teilen
und finden den Zusammenhang nicht mehr
Die Kunst schiebt kaum noch neue Blüten
das Wirtschaftswunder wächst nicht mehr
Mutter Natur ermattet
das christlich' Abendland verfällt
und Wissenschaft
scheint Grenzen zu erkennen
Das Volk mißtraut
wendet sich ab
von Nylon und Chemie*

*Ein langer Zeitenzyklus neigt sich
die Fische tauchen langsam unter
und aus dem Dunst
steigt Wassermann empor*

Gefährliches Vergessen

*Wenn er sich einschleicht
der Verlust
über Jahrzehnte und länger
vergißt man das Verlorene
ganz allmählich
und irgendwann
vermißt man's nicht mehr*

Betrauern wir *heut' noch
das Schwinden der Vielzahl
betrauert* ihr *morgen
schon nur noch
das Schweigen der Amsel
die im Stadtpark
kein Nest mehr baut
erinnert euch weh
des süßen Gesangs*

*Und schon bald
betrauern* sie *nur noch
den keuchenden Stadtpark
der hinwelkt
trotz emsiger Pflege*

Phönix im 3. Jahrtausend

*Da gibt es noch welche
die haben ihn stürzen sehen
krächzend sei er gefallen
jede Feder schillernd gespreizt
als müßten sie tragen*

*Aber sie trugen nicht mehr
zu schwer war sein Leib
aufgebläht und verfettet
er hatte das Schweben
zu lange versäumt
vergessen sich aufzuheben
wußte kaum mehr
daß er Flügel besaß*

*Erst als die Erde erhitzte
hob er sich auf
doch er stürzte
fiel in Flammen
verbrannte zu Asche*

*Da gibt es noch welche
die haben ihn stürzen sehen
sie verharren
und hoffen*

Nebelland
(nach einer Lesung von Inger Christensen)

Nebel in Nächten neblige Nächte
Nebelnächte

Erlen wachsen aus wässriger Erde
Elfen und Echsen empfangen den Erdmensch

Begrüßung mit Blüten und milchigem Bernstein
Biber ziehen die Barke mit Blumen wie Blut
und Bekasinen die Bekasinen balzen aus Blättern

Engelgestalten huschen durch Erlen
entweichen den Elstern den nächtlichen Eulen
Elche tragen den Erdmensch
hin zur Empore
Echo der Engel verfängt sich im Efeu
Entfernung

Leuchtkäfer leuchten ins Labyrinth
Lindwürmer liegen auf Lauer
und in den Lachen lauern Langusten
Laurin lockt mit säuselnden Liedern
zu den Lianen
Lustgärten breiten sich in den Lianen
lärmendes Leben lüsterne Laster

Da leuchten Lilien ferne wie Lichter

Lagunen mit Lilien leuchten wie Lichter wie Lotsen

Ahnen von Ankern von neuem Anfang
süße Alraunen beginnen zu altern

Nachen gleitet aus Nebel und Nächten
Nymphen und Nixen verschwimmen im Nebel
Neumond steigt über Nehrungen auf

Düfte von Dolden durchdringen den Dunst
und in der Dünung singen Delphine
Delphine singen von Demut
Drosseln steigen aus Dämmerung auf
Drosseln mit Daunen wie Diamanten

Die Insel

*Ich lass' die Fragen immer wieder
mein Gehirn passieren
und immer wieder kehren sie zurück
ohne Erfolg ohne Ergebnis
bleiben ungelöst
Wozu dies Kommen und dies Sterben
und wozu
dieser unbegreiflich dunkle Zwischenraum
das Leben ganz im allgemeinen?*

*Nur eine Insel die mir bleibt
wohl schwankend jedoch
noch gibt sie Halt
Die Insel jener Satz
den ich so oft plappernd gesprochen:
Dein Wille Herr geschehe
wie im Himmel
wo immer ich ihn auch zu suchen hab'
so auf Erden*

*Ich lass' das Fragen das nichts brachte
und fürderhin nichts bringen wird
vertrau dem unbekannten Willen
der seltsam teilnahmslos erscheint*

Schwarzspechtflug

Aufstieg
Flügel zusammen
gleitend sinken

Aufstieg
Flügel zusammen
gleitend sinken

Aufstieg
Flügel zusammen
gleitend sinken

...
...
...
...

hinter dem Tal
den ersten Zweig erreichen

Teil II
Erinnerungen an Sylvia Beer

Phantasienpflückerin

*Und wieder ging sie
die Seerosen auf den Feldern
zu pflücken
Sonnenstrahlen wollte sie
bündeln im Arm
und das Blau
vom Himmel ziehen*

*und wieder kam sie
mit leeren Händen*

Das Gefühl

Ich besteh'
hauptsächlich aus Gefühl
sagt sie

Zwar krankt auch mein Verstand
mir nicht Freundin
doch ist er schläfrig
nicht spontan
Mein Herz dagegen
liegt gleich an der Tür
so nah
man könnte drüber stolpern
schlägt stets als erstes an
wie ein sensibler Hund

zu spät meist ruft es den Verstand

Im Tal

*Ein Vulkan
von dem zuvor
niemand was wußte
brach unvermittelt
Erdenkrusten auf
und rötete
den Himmel
und heiße Ströme flossen
ergossen sich ins Tal
und brachten Unglück*

Vernetztes

Ich stand mal
sicherer vor mir
nun brechen die Gedanken
schleichen sich fort
zum Fremden
zum Vernetzten

Erschrocken fast
lenk' ich zurück sie
ins Vertraute
doch schon im Rückzug
wenden sie sich wieder um

Die Löwen

*Da kam einer
der weckte die Löwen
und merkte es nicht*

*Nun rekeln sie sich
längst nicht mehr
sind vollends aufgewacht
strecken die Glieder
krümmen erwartungsvoll
die Krallen
und schleichen lautlos sich
ins heiße Steppengras*

Umlagert

*Und dann kommen sie
die quälenden Geister
wie eine Schwadron
rücken sie an
geführt vom bewährtesten
aller Feldherrn*

*Und dann kommen sie
und greifen dich an
von allen Seiten
aus allen Tiefen
aus allen Höhen kommen sie
wie Wölfe
umlauern dich*

bis du ermattest

Kein Weidenzweig

*Mitten im Strudel
kein Weidenzweig
der sich ins Wasser neigt
zum Greifen
kein Schiff in Sicht
das rettet*

Sichtweise

So aufgestöbert
so ziellos durcheinander
bekommt es gut
durch schneidend kalten Wind
zu gehen
und klare Luft zu atmen
um festzustellen

Nichts ist ver-rückt
alles steht ruhig still
dort wo es immer stand
nur ich
bring' alles durcheinander

Neue Umgebung

Es hat sich ausgebreitet
ausgeweitet
um mich her
so wie ein Meer
unergründlich

es hat sich aufgewoben
aufgehoben
über mir
so wie ein Himmel
endlos luftig

und all mein Fühlen
jeder Gedanke der sich regt
ertrinkt im Meer
oder steigt
und steigt zum Himmel

Der Kuß

*Ich nahm sie schwesterlich
in beide Hände
küßte die erste verwilderte Blüte
am Strauch
der lange verharrte*

*kurz drauf flammte der Strauch
leuchtete dem Iltis die Fährte
daß er sich ja nicht verliefe*

Trugbild

Wir tragen ein Trugbild
achtsam
als versuchten wir
etwas zu halten
Und so durchziehen wir
nur Knospengärten
Die Welkenden lassen wir aus
selbst die Blühenden
umgehen wir
aus Angst vor dem Welken
aber wir wissen es ja:
ein Trugbild

Wie sähe es aus
wenn wir im Moor uns verirrten?

Wölfisch

Mein Sosein hat flinke Läufe
läuft frei
es streunt nicht
nein nein
doch stört es
fällt auf
mein Sosein an die Leine gelegt
doch nicht hündisch
zeigt sich mein Sosein
wölfisch begehrt es
zerrt an der Kette

Wildgewächs

Habe es runtergeknüppelt
so   wie man es
dem Adlerfarn antut
um Gepflanztes
hochkommen zu lassen
das im Schatten des Wildwuchs
nicht gedeihen kann

Habe es runtergespült
wie Wasser
im Ausguß
ihm nachgelauscht
nachgesehnt
und es doch getan

So tun als ...

Alles ist Abwehr
schweigen
nichts sagen
Mauern hochziehn
Mörtel verschmieren
nur keine Fuge vergessen
tun als sei nichts

so schleppt ein Tag
den nächsten herbei

Ohne Publikum

Im Ring
Runde für Runde
mal taumelnd
dann wieder hoffend
den Sieg vor Augen
der neue Kräfte ruft
bis zum Knockout

vom Freund behutsam aufgehoben

Von nun an

Empfindsam geworden
den Tränen so nah
wie den Träumen
von nun an
Wörter verpackt
Klammer ums Herz
ab jetzt wird geschwiegen
und kürzer geschlagen

Veränderung

*Dunkle Melodien
verfangen sich nun in den Tagen
das Leichte ist herausgefallen
Gedanken schwirren
nichts Festes gibt's
an das ich sie noch nageln könnte
und in mir bäumt sich etwas auf
das Unglück spürt*

Wohin

Verbrauchte Hoffnung
in Taschen über Land getragen
in jeder Hand eine
des Gleichgewichts wegen
sie ziehen Arme und Mut nach unten
bleibe oft stehen
schüttle die Hände aus
und überlege zum hundertsten Mal
wohin mit den Taschen

Treibender Kahn

*Aus lichtem Hafen
stieß ein Kahn
schwer war er geladen
tief lag er im Fluß
trieb abwärts
ohne Steuermann
der Steuermann trug Fesseln
und sah die Riffe*

Die Nische

*Die Arme überm Tisch verschränkt
darauf dein Kopf
so treff ich dich nun häufig
nicht aufrecht
nicht am Erdboden zerschlagen
nicht schlafend
und nicht wach
ausgeräumte Nische
irgendwo bewohnend
deine Gedanken aber
gehen hin und wieder
schon spazieren
richten sich neue Zimmer ein
mit freundlichen Tapeten*

Der Strom

*Einer legte endlich wieder
Sanftmut auf die Wasser nieder
ließ Stille tröpfeln
bis sich der Strom
im alten Strombett wiederfand
und floß wie eh
ohne die Ufer zu verwüsten
dem Unbekannten
dem großen Meer entgegen*

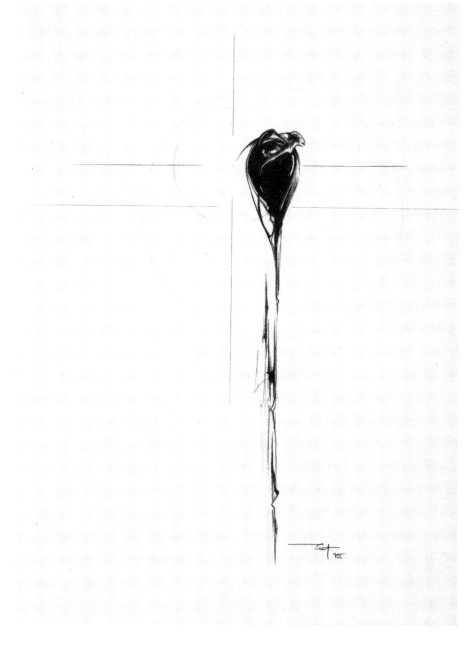

So robust

Schließlich richtest du dich ein
dort wo du wohnst
vergräbst die Sehnsucht
Muckst sie
gräbst du sie tiefer
pflanzt statt ihrer
Pflichten

Doch sie läßt sich nicht vergraben
die robuste Sehnsucht
sie überlebt
und steigt im geeigneten Augenblick
makellos aus den Tiefen heraus

Inhaltsverzeichnis:

*Teil I * Vor Pfützen träumen ...*

Ruhe	6
Wasserringe	7
Fliederbaum	8
Erwartungen	9
Nachthimmel	10
Dahin	11
Allein im Abteil	12
Im Nebenraum	13
Die Ranke	14
Wilde Rose	15
Finden	16
Sternzeichenanfang	18
Der Ruf	19
Zwischen Stämmen	20
Zwiesprache	21
Tropfenspiel	23
Melodie	24
Hoffnung	25
Auftrag	26
Umbruchzeit	27
Stellungsbefehl	28
Draußen	29
Verwehen	30
Marionettenspieler	31
Gratis	32
Zu spätes Erkennen	33
Übermütiges Treiben	34
Persönlichkeit	36
Leblang	37
Fortgetragen	38
Ohne Übergang	39
John	40
Narrenspiel	41

Er	*42*
Nur Worte	*43*
Gräber	*44*
Leere	*45*
Erstarrung	*46*
Auflösung	*49*
Gefährliches Vergessen	*50*
Phönix im 3. Jahrtausend	*51*
Nebelland	*52*
Die Insel	*54*
Schwarzspechtflug	*55*

*Teil II * Erinnerungen an Sylvia Beer*

Phantasienpflückerin	*58*
Das Gefühl	*59*
Im Tal	*60*
Vernetztes	*61*
Die Löwen	*62*
Umlagert	*63*
Kein Weidenzweig	*64*
Sichtweise	*65*
Neue Umgebung	*66*
Der Kuß	*67*
Trugbild	*68*
Wölfisch	*70*
Wildgewächs	*71*
So tun als ...	*72*
Ohne Publikum	*73*
Von nun an	*74*
Veränderung	*75*
Wohin	*76*
Treibender Kahn	*77*
Die Nische	*78*
Der Strom	*79*
So robust	*81*

Helgard von Spiegel

geboren in Lychen (Mark Brandenburg)
lebt seit 1971 in Bielefeld

Veröffentlichungen in Zeitschriften u. Anthologien
Wilhelmshavener Lyrik-Preis 1993

Buchveröffentlichungen:

Die Stunde der Tiere * 1993 * Bielefeld

Dem Welken folgt Samen * 1995 * Essen

Susanne Jost (Zeichnungen)

geb. 1973, wohnt in Bielefeld